Margrit
Fankhauser

Ein paar
Körner Salz

Berchtold Haller Verlag, Bern

© Berchtold Haller Verlag Bern
Alle Rechte vorbehalten.
1. Auflage 1995

ISBN 3 85570 117 2
Umschlaggestaltung: Peter Meyer
Satz und Layout: Paul Hostettler
Druck: Jordi AG, Belp
Einband: Schlatter AG Bern

Inhaltsverzeichnis

	Seite
München	5
In der Kirche	7
Herr B.	9
Stossverkehr	11
Kosmetik	13
Brombeeren	15
Wir Höherentwickelten	17
Zwei Beerdigungen	19
Bergsee	21
Die Tasche	23
Liebesgeschichten	25
Der General	27
Tausend Badewannen	29
Bildbetrachtung	31
In den Bergen	33
Schwalbe	35
Die letzte Rose	37
Dämmerung	39
Schnee	41
Starre	43
Nüssler	45
Nachwort	47

Diese Besinnungen sind erschienen als »Wort zum Sonntag« in »Der Bund«

München

Der Morgenwind weht durch die Strassen. Die Fronten der Häuser leuchten hell in der Sonne. Ich sehe mich um. Ich bin zum ersten Mal in München.

Ich kenne die Stadt nicht. Meine Gastgeber drückten mir einen Stadtplan in die Hand, und nun sollte ich den Weg eigentlich finden. Ich finde ihn auch, entdecke das Geleise, auf dem mein Zug abfahren wird und den Schalter, wo ich mein Billet lösen muss. Jetzt stehe ich noch eine Weile vor dem Bahnhof und betrachte die fremde Stadt. Autos fahren vorbei, Busse, Trams. Ich habe keine Ahnung, wohin sie fahren. Ich weiss nicht, was am Ende der sonnenbeschienenen Strasse liegt, wo der Supermarkt ist und wo die Bank. Auch die Sehenswürdigkeiten habe ich nicht besucht. Eine unbekannte Stadt, doch überstrahlt vom Licht der mir vertrauten Sonne. Der Himmel spannt sich blau über ihr aus. Eine Kastanie blüht.

Ein Gedicht von Maria Lauber kommt mir in den Sinn. Es beschreibt den Abschied von einem Menschen, der nach Neuseeland auswandert. Du gehst so weit fort, heisst es in diesem Gedicht, es ist schon viel, dass du noch den gleichen Mond siehst wie wir. Dann fährt es fort:

»Und og der Liebgott ischt der gliich,
u witer net sis Himelrich.

U we du zue ma bättet hescht,
er ghört's. O gluub das nume fescht!«
Gott ist immer gleich nah. Es wäre mir schrecklich, hier bleiben zu müssen, mich in der Fremde einzuleben, eine neue Existenz aufzubauen. Ich bin froh, dass ich nach Hause fahren darf. Aber Gott ist mir dort nicht näher als hier. In diesen fremden Strassen und zu Hause im Garten, in der Metrostation und im Wald, im Computerzentrum mit seiner künstlichen Beleuchtung und unter der Wettertanne - er ist da. Er ist da als der, auf den ich angewiesen bin. Hier und heute gilt das Wort: »Wohin soll ich fliehen vor deinem Angesicht? Führe ich gen Himmel, so bist du da; bettete ich mich in die Hölle, siehe, so bist du auch da.« (Psalm 139)

In der Kirche

Die Kirche in meinem Heimatdorf war schon immer recht dunkel. Vor gut fünfzig Jahren hat man die Fenster im Chor mit stark farbigen und modernen Glasmalereien versehen, die im Licht der Morgensonne wunderbar leuchten, aber dem Raum einen grossen Teil der Helle nehmen. Und nun war wieder renoviert worden. Auf Anweisung der Denkmalpflege mauerte man die Fenster an der Rückwand zu. Die Kirche ist ohne künstliches Licht nicht mehr benützbar.

Als ich, aus der Helle des Nachmittags kommend, den Raum betrete, kann ich erst überhaupt nichts sehen. Mühsam taste ich mich im Dunkeln vor, erreiche die Lehne eines Stuhls und tappe dann vorsichtig gegen das Chor, wo es etwas heller ist. Dort setze ich mich auf eine Bank.

Das Elektrische zünde ich nicht an. Ich will ja nicht die Kirche besichtigen, nur ein wenig ausruhen und über meine Probleme nachdenken.

Es ist still hier drinnen. Die Geräusche der Autos dringen nur gedämpft durch die Mauern. Hie und da knackt es im Turm.

Nach einer halben Stunde sehe ich auf. Ein Sonnenstrahl fällt von rechts durch das schmale Fenster und erleuchtet den Platz vor dem Chor. Eigentlich ist es hier gar nicht so dunkel. Deutlich sehe ich die Bänke vorn, die

Fliesen am Boden, und als ich mich umdrehe, ist auch der Raum hinter mir kein schwarzes Loch mehr. Ich erkenne die Holzpfosten der Empore und dahinter die weissgekalkte Mauer. Meine Augen haben sich an die Dunkelheit gewöhnt. Der vorher so finstere Raum ist wenigstens andeutungsweise überschaubar geworden.

Und mein Problem? Es ist immer noch da und doch, auch es wurde irgendwie heller. Ich weiss jetzt wieder, dass Gott lebt. Ich weiss, dass Christus auferstanden ist. Etwas vom Licht seiner Auferstehung ist in dieser halben Stunde über mir aufgegangen. Es geht mir wie dem Sänger des Psalms: »Ich dachte ihm nach, dass ich's begreifen möchte, aber es war mir zu schwer, bis dass ich ins Heiligtum Gottes ging.« (Psalm 73) Ja, und dann lernten meine Augen in seiner Gegenwart neu sehen.

Herr B.

Diavortrag im Gemeindehaus. Der Redner versucht, die Zuhörer für ein Projekt im Sudan zu erwärmen. Er führt uns die dortige Landschaft anhand farbiger Bilder vor. Plötzlich erlischt das Bild. Ringsum gähnt schwarze Finsternis. »Herr B.« flüstert die Abwartin so laut, dass man's durch den ganzen Saal hört, »Herr B., können Sie helfen?« Im Dunkeln erhebt sich jemand. Herr B. macht Licht und untersucht den Apparat. Plötzlich glänzt das Bild wieder farbig auf der Leinwand. »Danke,« sagt der Redner und Herr B. verschwindet in der Dunkelheit.

Er fällt in keiner Weise auf, dieser Herr B. Er sieht aus, wie Männer mittleren Alters etwa aussehen, wenn sie einen handwerklichen Beruf ausüben.: kräftig gebaut mit grossen Händen, aber nichts auffälliges, keinen Bart, keine Glatze, keine Adlernase, einfach nichts Besonderes. Und reden hört man ihn auch nicht viel. Das sei eben nicht seine Stärke, gibt er selbst zu. Niemand kam je auf den Gedanken, ihn als Begrüssungsredner einzusetzen oder ihm den Posten eines Präsidenten auch nur im kleinsten Verein anzubieten.

Aber wenn in der Kirche das Läutwerk nicht funktioniert, Herr B. ist da und repariert. Wenn in der Sonntagschule der Leimtopf umgefallen ist und niemand die hässlilichen Flecken wegbringt, Herr B. macht sich dahinter. Wenn Stühle transportiert werden müssen, damit man beim Waldgottesdienst sitzen kann, B. fährt mit seinem eigenen Wagen. Wenn es eine Leinwand braucht für den Weltgebetstag, er schleppt sie her. Andere könnten sicher auch, was er kann; aber er tut es, und zwar ohne Murren.

Und da lese ich in der Bibel die Liste der zwölf Jünger Jesu durch und stosse auf den Namen »Jakobus, des Alphäus Sohn.« Wer ist das? Ausser dem Namen ist uns nichts überliefert. Keine Tat, kein Wort dieses Mannes ist bekannt. Offenbar hat er nichts Besonderes getan und nichts Besonderes gesagt. Vielleicht trug er den Proviant und flickte Sandalen; aber auf jeden Fall fiel er nicht auf. Und doch steht er mitten unter den Aposteln. Er hat seinen Platz unter denen, die Jesus Christus auserwählte.

Offenbar braucht es solche Menschen. Offenbar sind nicht nur Redegewandte, Extravertierte und Intellektuelle notwendig, sondern auch Unauffällige, die einfach willig das tun, was sie können. Und Jesus erhob gerade einen solchen Menschen in den Rang eines Apostels.

Ich lege die Bibel weg und sehe Herrn B. mit anderen Augen an.

Stossverkehr

Ich stehe am Trottoirrand und möchte die Strasse überqueren; doch bei diesem Verkehr ist das nicht so schnell möglich. Autos drängen vorbei, Mofas, Velos. Alles hat Hunger, eilt und hetzt. Gedankenlos sehe ich den Fahrzeugen nach. Da entdecke ich hinten auf einem Velo einen kleinen Jungen. Er sitzt auf dem Gepäckträger, während sein Vater stramm geradeaus radelt und nur seinen breiten Rücken sehen lässt. Halb ängstlich, halb neugierig schaut der Kleine in den Verkehr, der ihn umbraust, und hält sich mit beiden Händen an der Jacke des Vaters fest. Man sieht, es ist ihm unheimlich, und doch bleibt er ruhig und lässt den Vater nicht los.

Darf man das eigentlich, Kinder so mitnehmen? fährt es mir durch den Sinn. Aber dieser Gedanke huscht nur schnell durch mein Hirn. Was mir viel stärker bleibt, ist das Bild des Kleinen, der sich an der Jacke des Vaters festklammert.

Im Weitergehen denke ich: Ist das nicht ein Bild für das, was Jesus Glauben nennt? Glaube bedeutet ja für ihn nicht in erster Linie ein Für-wahr-Halten bestimmter Sätze, obwohl solche Lehrsätze zum christlichen Leben gehören. Nein, Jesus meint damit mehr. Er denkt an ein gelebtes Vertrauen auf Gott, an ein Festhalten am Herrn allen Lebens, eben vielleicht an ein Sich-Festklammern an der Jacke des Vaters, der den Weg weiss und richtig fährt.

Manchmal ist das, was ringsum geschieht, beängstigend. Der dichte Verkehr erschreckt uns. Die Vorstellung, was geschehen könnte, wenn ... will uns auffressen. Wir sehen uns schon unter den Rädern, überrollt und zerquetscht. Wir schlafen nicht mehr vor lauter Denken an die Gefahren und unheildrohenden Möglichkeiten.

Doch was sagte Jesus zu Jairus, als die Leute ihm meldeten: »Deine Tochter ist gestorben. Bemühe den Meister nicht«? Er wandte sich zu ihm mit den Worten: »Fürchte dich nicht. Glaube nur.« Oder in unserm Bild: Klammere dich an der Jacke fest. Auch wenn du mein Gesicht nicht siehst, und ich im Verkehr nicht mit dir sprechen kann, ich fahre dich sicher nach Hause.

Kosmetik

Seit einiger Zeit vertreibt meine Freundin kosmetische Produkte. Zu Weihnachten schenkte sie mir aus ihrem Sortiment eine Gesichtscreme, die mich verjüngen sollte. Eifrig strich ich sie abends ein, pflegte mich und wartete auf das versprochene Wunder.

Jetzt stehe ich vor dem Spiegel und betrachte das Resultat. Um die Wahrheit zu sagen: Ich finde es mässig. Zwanzigjährig bin ich nicht geworden. Und wie ich so in den Spiegel schaue, sehe ich es zudem im Haar glänzen. Die berühmten Silberfäden machen sich bemerkbar.

So stehen also die Dinge, denke ich, und plötzlich fällt mir ein Wort ein, das Jesus gesagt hat: »Du vermagst nicht ein einziges Haar weiss oder schwarz zu machen.« Tatsächlich, so hat er sich einmal gleichsam nebenbei geäussert.

Hatte er recht? Ich könnte mir das Haar doch färben lassen. Andere tun das auch. Aber wäre es deswegen wirklich schwarz und nicht weiss? Würde es nicht beharrlich silbern nachwachsen? Oder soll ich mir jedes graue Haar ausreissen? Das wäre auch möglich. Doch gebe ich diese Idee bald auf. Nur zu schnell könnte dabei ein Kahlkopf herauskommen. Das wäre dann noch schlimmer.

Ich starre in den Spiegel und fühle mich hilflos. Da habe ich jahrelang die Schulbank gedrückt, bin sogar auf der Universität gewesen - und jetzt lacht mein Haar mich aus. Und nicht nur mich. All die vielen, die noch klüger sind als ich, die noch länger studiert haben, über die macht es sich ebenfalls lustig. Wir alle stehen da und sind am Ende.

Wir intelligenten Menschen, die zum Mond fliegen, das Hinterste in der Seele ergrübeln und meinen, in unserer Weisheit darüber urteilen zu können, ob es einen Gott gebe oder nicht, wir müssen vor einem Haar die Waffen strecken. Es wächst weiss oder schwarz, so wie es ihm sein Schöpfer gebietet. Er schickt es, damit es uns predige. Und wer könnte es zum Schweigen bringen?

(Wie bitte? Das seien halt die Frauen? Bei den Männern komme es auf anderes an? Darum predigt ihnen nicht nur das Haar, sondern auch die Glatze.)

Brombeeren

Ich schaue über den Kanal. Das Wasser unten an der Böschung liegt ruhig da. Blaugrün strahlt es aus der Tiefe. Und jetzt entdecke ich am Ufer eine Wolke weisser Blüten, die über dem Wasser zu schweben scheint. Ich bleibe stehen und staune die Blumen an, die über dem Grün der Blätter und dem Blau des Wassers leuchten. Wie schön, denke ich. Sind es Heckenrosen?

Ach nein, es ist das wirre Brombeergestrüpp, das blüht. Ich wusste gar nicht, dass Brombeeren in der Blüte so schön sind. Für mich waren sie immer ein stachliges Gewirr, in dem man sich Hände und Beine zerkratzt. Doch im Blütenschmuck sieht dieses Gestrüpp zauberhaft aus.

Wo habe ich schon einmal solche Blüten gesehen? Oder vielleicht nicht gesehen, nur inwendig geschaut? Ich erinnere mich. Als ganz junge Pfarrerin stand ich einmal am Grab eines alten Mannes, den ich beerdigen sollte. Plötzlich überkam mich ein unwahrscheinlich dichter Eindruck von Blüten und nochmals Blüten.

Ich hatte den Mann ein einziges Mal besucht. Er lebte, von einem riesigen Hund bewacht, in einem Bauernhaus, zusammen mit seiner Frau und seinen nun grossgewordenen Kindern. Ja, er höre überhaupt nichts, erklärte mir die Frau bei der Begrüssung.

Vor dreissig Jahren habe er durch einen Unfall das Gehör verloren, ganz plötzlich, von einer Stunde auf die andere. Ich versuche trotzdem ein Gespräch, doch bald will der Alte sich hinlegen. Er sei krank, sehr krank, sagt die Frau, und manchmal werde er böse. Er könne halt nichts verstehen.

Und dann am Grab diese Vision von Blüten. Ich schaue nochmals auf die Brombeeren. Mir ist, ich könne die scharfen Stacheln sehen, die unter den grünen Blättern hervorragen. Doch über ihnen schweben die kleinen weissen Blumen wie ein Traum. Hatte ich von dem alten Mann nur die Dornen gesehen, das stachelige Gestrüpp, während innen in der grossen Stille Knospen heranreiften, Blüten aufbrachen?

Wer weiss wirklich, was in einem andern Menschen lebt? Sagte nicht Gott zu Samuel: »Ein Mensch sieht, was ins Auge fällt; ich aber sehe ins Herz.«

Wir Höherentwickelten

Altersausflug mit Besuch des Zoos. Ein paar ältere Damen stehen vor dem Affenkäfig und betrachten entzückt die Gibbons, die wie Pelzbällchen durch den Käfig fliegen. Mit ihren langen Armen hangeln sie sich geschickt vom Seil zum Gitter und zurück. »Das wären quasi unsere Vorfahren,« bemerkt eine von den Damen. »Unser Lehrer sagte, der Mensch sei ein veredelter Affe.«

Die alte Dame ist reizend, aber ihr Ausspruch macht mich irgendwie bös. Unwillkürlich frage ich mich, was denn bei so einem Gibbon noch zu veredeln sei. Ich fühle, im Moment passe ich nicht ganz in unser aufgeklärtes Jahrhundert; aber ich kann mir trotzdem die Vorstellung nicht verkneifen, wie ein Anhänger solcher Theorien sich im Affenkäfig machen würde. Oder auch, wie es wäre, wenn ich mit meinen zweiundsiebzig Kilos an den Seilen herumzuturnen versuchte. Höherentwickelt sähe es sicher nicht aus.

Ein Gibbon knappert mit angeborener Anmut an einer Frucht und sieht mich mit runden Augen an. Wenn ich mein Menschsein in solcher Harmonie leben könnte, wie er sein Tiersein lebt ...

Wir haben andere Möglichkeiten mitbekommen als er, sicher. Doch ich schäme mich vor den runden Augen, wenn ich daran denke, was wir daraus gemacht haben.

War es vielleicht diese Sehnsucht nach dem verlorenen Einssein mit sich und der Welt, das uns Menschen den Traum von Veredlung und Höherentwicklung träumen liess? Haben wir am Ende etwas in die Schöpfung hineingedeutet, das unser eigenes Herz zerreisst?

Wie sagt doch Gott durch den Propheten Jeremia: »Ich werde mein Gesetz in ihr Inneres legen und es ihnen ins Herz schreiben.« (Jer. 31, 33) Das ist eine Verheissung. Eine, die der Gibbon in seiner Schuldlosigkeit nicht nötig hat. Aber wer weiss, vielleicht freut er sich einmal mit, wenn sie an uns erfüllt wird, und es endgültig heissen darf: »Ich werde ihre Schuld verzeihen und ihrer Sünden nimmermehr gedenken.«

Zwei Beerdigungen

Heute haben wir das alte Fräulein begraben. Über achzig war sie, und die letzten Jahre musste sie im Pflegeheim verbringen. Trotzdem finden sich über fünfzig Leute zur Beerdigung ein, und ihre Freunde erzählen mir viel von der Verstorbenen.

Ein Uneheliches sei sie gewesen und habe lebenslang darunter gelitten. Bei Verwandten aufgewachsen und trotz ihrer Intelligenz keinen Beruf erlernt, aber sich ehrlich durchgebracht. Im Alter im ererbten Häuschen gewohnt und schrullig geworden. Das sind etwa die Daten dieses Lebens. Ja, und im Pflegeheim habe sie sich rasch eingelebt. Der Glaube sei halt ihre Stütze gewesen, allen Schrullen zum Trotz. Sie habe im Heim wie auch früher für jeden ein freundliches Wort gehabt, behaupten die Frauen, die sie betreuten, und wenn ich die Zahl der Beerdigungsteilnehmer überblicke, fange ich an, das zu glauben.

Beim Leichenessen komme ich neben einen Gast von auswärts zu sitzen. Er erzählt mir, wie er kürzlich an einer andern Abdankung teilgenommen habe. Auch eine alte Frau hätten sie da zur letzten Ruhe geleitet, eine ehemalige Sopranistin, eine Weltberühmtheit; aber eben, hohe Tonlagen singe man nicht ewig, und so sei die Karriere relativ früh zu Ende gewesen. Eine traurige

Feier hätte er erlebt. Kaum eine Handvoll Leute im Krematorium, kein Lied sei gesungen worden, nur ein alter Mann habe etwas auf der Geige gekratzt, dazu eine kurze, völlig unpersönliche Predigt. »Sie hatte ihre Berühmtheit vorher«, sagte er nachdenklich.

Mir kommt ein Wort aus den Psalmen in den Sinn: »Der Herr ist allen gütig und erbarmt sich über alle seine Werke.« (Psalm 14, 9) Er gibt jedem seinen Platz, dem Einen einen scheinbar bevorzugten, dem Andern einen scheinbar geringen. Aber beide stehen unter seiner Obhut. Licht und Schatten sind vielleicht oft gerechter verteilt, als wir es wahrhaben wollen.

Wir haben da immer Einwände, finden dieses ungerecht und jenes nicht richtig. Warum eigentlich? Genügt es nicht zu wissen, dass auch ich zu den Werken Gottes gehöre, die er nicht vergisst?

Bergsee

Ich stehe still und verschnaufe. Über eine Stunde bin ich gestiegen, nun habe ich den Rand des Hochtals erreicht und möchte ausruhen. Ich sehe mich um. Zwischen den Tannen glänzt Wasser. Ich erinnere mich. Das ist der See oder besser das Seeli, von dem das alte Postmädi immer schwärmte. Nirgends auf der Welt sei es schöner als dort.

Ich biege vom Weg ab und suche mir einen Platz am Ufer. Noch sind die Sonnenstrahlen nicht bis hierher gedrungen, alles ist noch ein wenig düster und kühl. Doch im Wasser spiegelt sich der Morgenhimmel, und wunderbar klar zeichnet sich das Bild der Wettertanne mir gegenüber in seinem Glanz. Meist strahlt es ruhig aus dem stillen Wasser, doch manchmal lässt ein kleiner Wind das Bild erzittern.

Ich staune in den Glanz und kann mich nicht satt sehen. Eigentlich ist der See nicht viel mehr als eine grössere Lache. Man erkennt die Steine im Grund, sieht Schlamm. Ein rostiger Draht reckt sich irgendwo. Die seitlich ansteigenden Hügel sind um diese Zeit schon ziemlich kahl gefressen. Nein, es gibt nichts Besonderes; aber jetzt, da sich der Himmel im See spiegelt: Welch ein Licht! Welch eine Klarheit!

Mir kommt jene merkwürdige Stelle aus der Offenbarung in den Sinn: »Wer überwindet, der wird mit weissen Kleidern angetan werden, und ich will seinen Namen nicht auslöschen aus dem Buch des Lebens.« (Offbg. 3, 5)

»Überwinden«, »ein weisses Kleid« - ist damit vielleicht so etwas gemeint, wie ich es jetzt sehe? Über meinem kläglichen, schlammüberzogenen Leben geht die Liebe Gottes auf, die Liebe, die für uns in den Tod geht, die Liebe, die uns Vergebung schenkt. Christus wird über uns sichtbar und verwandelt uns.

Ich schaue auf den See, in dem sich der Morgen spiegelt, ihn verwandelt, verklärt. So könnte es sein. Auf mein armseliges Leben fällt der Glanz der Auferstehung. Liebe, Vergebung und ewiges Leben leuchten auf. Das Licht der himmlischen Herrlichkeit scheint über der Lache auf, und auf einmal erstrahlt sie im Glanz des ewigen Morgens.

Die Tasche

»Kann ich Ihren Ausweis sehen?« fragt der Garagist. Er brauche die Chassis-Nummer. Aber ich kann ihm die Nummer nicht geben, denn der Ausweis steckt in meiner Handtasche und die ist verschwunden. Schon heute morgen fand ich die Tasche nicht. Ich suchte und suchte, und schliesslich fuhr ich ohne Tasche los. Ich musste dringend zur Garage.

Und nun verlangt man dort den Ausweis, der in meiner Tasche liegt. Ich verspreche möglichst baldigen Bericht und fahre nach Hause.

Dort fange ich wieder an zu suchen. Nicht eilig und oberflächlich wie am Morgen, sondern systematisch. In jeder Schublade, an jedem Ort, der in Frage kommen könnte. Ich durchforste mein Gedächtnis. Wann hatte ich die Tasche zum letzten Mal in der Hand? Gestern Abend legte ich sie in den Wagen, das weiss ich genau. Wenn ich sie dort vergessen hätte? Ich durchsuche den Wagen, dann noch einmal die Wohnung. Nichts. Hat sie jemand aus dem Auto gestohlen? Mir wird ganz übel. Viel Geld würde ich nicht verlieren, aber sämtliche Ausweise ...

Erschöpft wende ich mich schliesslich an den, bei dem gross und klein in der Not Zuflucht sucht. Entschuldige, bete ich, es ist ja wirklich nicht weltbewegend; doch was soll ich ohne Tasche tun? Bitte hilf.

    Bevor ich aufstehe, fällt mein Blick schräg durchs Zimmer. Der Atem stockt mir. Dort ist die Tasche! Vom Tischtuch verdeckt liegt sie auf dem Stuhl. Warum habe ich sie nicht gesehen? Ja, ich stand eben immer aufrecht und schaute von oben auf die Dinge. So sah ich nur das Tischtuch. Erst als ich beim Beten den Blickwinkel änderte, wurde die Tasche sichtbar.

    Ein kleines Wunder, das keines ist, weil man es leicht erklären kann? Oder vielmehr ein Hinweis darauf, was korrigiert werden musste? Im Psalm heisst es: »Ich sann nach, ob ich's begreifen könnte, aber es war mir zu schwer, bis ich ins Heiligtum Gottes ging.« (Psalm 73) Ja, und dort wurde dem Psalmsänger eine neue Sichtweise geschenkt.

    Manchmal ändert Gott die Dinge, und manchmal muss er unseren Blickwinkel ändern.

Liebesgeschichten

Da lese ich in einer renommierten Zeitschrift eine Geschichte, eine Liebesgeschichte sozusagen. Wenigstens handelt sie von einem Mann und einer Frau. Aber ich weiss schon, heutzutage verheisst das oft nicht viel Erfreuliches. Das Happyend hat man abgeschafft. Man wälzt stattdessen Probleme. Und ich habe mich nicht getäuscht.

Die Beiden trennen sich nach jahrelangem Zusammenleben, und aus diesem Anlass kommt die gemeinsame Vergangenheit zur Sprache. Eines ist klar: Jedes dachte stets nur an sich: Liebe ist, was mir nützt. Und die Moral der Geschichte könnte man zusammenfassen im Rat: Lass dir's nicht unter die Haut gehen. Sei Egoist, dann macht es dir nichts aus, den Partner zu wechseln.

Eine Liebesgeschichte? Auf jeden Fall eine, die passiert sein könnte. Wir reden von Liebe und suchen bewusst oder unbewusst unseren Vorteil. Wir sind Menschen. Das Streben nach dem, was mir nützt, ist jedem angeboren.

Nur einer, sagt die Bibel, war anders, Jesus Christus, der auf alles Irdische verzichtete und für uns in den Tod ging. Ein Wort des Evangelisten Johannes kommt mir in den Sinn: »Wie er die Seinen geliebt hatte, die in der Welt waren, so liebte er sie bis ans Ende.«

So lesen wir am Anfang des Berichts über Jesu Leiden und Sterben. Er liebte uns bis ans Ende. Menschen können das nicht. Menschen bleiben Menschen, bleiben irgendwie am Interesse an sich selbst und ihrem Nutzen hängen, bis sie zuletzt meinen, man könne Menschen wechseln wie Hemden. Gottes Sohn aber liebte die Seinen bis ans Ende.

Wissen wir, was das bedeutet? Vielleicht nicht. Vielleicht kann unser im Irdischen befangener Sinn ein solches Wort nicht ausschöpfen. Es steht trotzdem geschrieben. Wie eine Kerze in einem dunklen Raum brennt es vor uns und möchte uns Licht geben. Vielleicht verstehen wir die Flamme nicht, aber wir können sie anschauen, können uns dem Licht auftun, das sie schenkt.

Der General

Er steht mitten im Gang und erteilt mit seiner etwas rauhen Stimme Befehle. Ihm obliegt das wichtige Geschäft des Gläser-Einsammelns, wie jeder im Spital weiss, und dieses Geschäft besorgt er mit der ihm eigenen Würde. Nicht umsonst haben ihm die Patienten den Übernamen »General« gegeben.

Er ist untersetzt und neigt ein wenig zu Korpulenz, wie das bei Mongoloiden manchmal der Fall ist. Im übrigen verfügt er über eine gute Ausbildung und versteht sich zum Beispiel aufs Weben von Handtüchern. Aber dazu hat er kaum noch Zeit, seit er mit seiner kranken Mutter ins Spital gezogen ist. Die Dienste, die man ihm hier übertragen hat, kommen zuerst. Da bleibt nicht viel Zeit für Hobbys. Die Patienten mögen ihn. Sie können von ihm akzeptieren, was sie den Schwestern oft nicht abnehmen. Selbst seine kommandierende Art stört sie meist nicht. Irgendwie achten sie ihn, man spürt es deutlich. So lebt er denn sein wichtiges und bedeutendes Leben und schreitet gravitätisch durch den Gang, wie es sich für eine Persönlichkeit seines Ranges gebührt.

Wie bitte? Er sei doch nur ein Behinderter und für solche wäre es im Grunde eine Gnade, sterben zu dürfen? Oder gar nicht erst geboren zu werden? So klug sind wir heute, so gebildet, dass wir das Lebensrecht eines Andern einfach taxieren können.

Der Apostel Paulus musste es allerdings anders lernen. Als er meinte, nur ein Gesunder könne Gott recht dienen und um Heilung bat, antwortete ihm Gott: »Lass dir an meiner Gnade genügen, denn meine Kraft ist in den Schwachen mächtig.« (2. Korinther 12, 9) Und wenn der Allerhöchste einem Schwachen oder einem Behinderten seine Aufgabe und seinen Platz im Leben gibt, tut er das bis heute, ohne nach unserer klugen Meinung zu fragen.

Tausend Badewannen

»Grossartig. Sie stellen sich das nicht vor. Auf Schritt und Tritt findet man Badewannen.« Der junge Mann spricht begeistert. Als archäologisch Interessierter hat er das Heilige Land bereist und erzählt jetzt von seinem Besuch der Ruinen von Herodion. »Der Palast des Herodes – da macht man sich keinen Begriff. An die tausend Badewannen hat es. Einen künstlichen See liess Herodes graben mit Balsamsträuchern ringsum. Unsummen verbrauchte er pro Jahr, und das meiste ging für die Selbstdarstellung drauf. Wenn man sich das vorstellt, ist man ganz erschlagen.«

Ich versuche mir vorzustellen und sehe im Geist so etwas wie einen prunkvollen Palast mit Badewannen, in denen diverse Damen plätschern oder auch der grosse Herodes persönlich, der sich von seinen Dienern aus dem Wasser helfen lässt. Ein erfolgreicher Mensch, dieser Herodes. Er hat es zu etwas gebracht.

Hat er? Plötzlich befällt mich die ketzerische Frage, was eigentlich von seinem Leben geblieben sei. Ruinen und Badewannen, ja, und ein paar Skandalgeschichten. Vor allem aber die Geschichte vom bösen König Herodes, der aus Angst um seine mühselig erworbene Macht die kleinen Kinder von Bethlehem töten liess.

Und da fällt mir noch ein Mann ein, kein berühmter. Es nützt nichts, wenn ich seinen Namen nenne. Ausser den Nächsten kennt ihn keiner.

Bei seiner Beerdigung sagte seine Tochter: »Man muss es ihm gönnen, dass er sterben durfte. Er hatte das Alter. Aber er wird mir fehlen. Er war halt immer unser Ätti ... «. Sie hätte noch etwas weiter sagen wollen, aber plötzlich griff sie zum Taschentuch. Sie schämte sich, dass ihr die Tränen kamen.

Dieser Mann hatte nie eine Badewanne besessen. Er hatte acht Kinder grosszuziehen in schwieriger Zeit, da langte das Geld nicht für so etwas. Aber er war seinen Kindern ein rechter Vater gewesen. Ein Photo zeigt ihn als Grossvater mit zwei kleinen Enkelkindern, auf jedem Arm eines. Ein anderes Bild im hohen Alter mit einem Nachbarsbub, der sich am Hosenbein hält, und einem Huhn in der Nähe.

Er hatte es nicht nötig gehabt, kleine Kinder umzubringen, um Besitz und Stellung zu wahren. Alle Tage Brot und Kaffee, dazu etwa Rösti oder Makkaroni, da war er zufrieden bis ins Alter und segnete sein bescheidenes Glück. Und als er starb, weinte mancher im Stillen.

Im Buch der Sprüche heisst es: »Mancher ist arm bei grossem Gut, und mancher ist reich bei seiner Armut.«

Bildbetrachtung

Wir betrachten ein altes Bild, das die Apostel darstellt. Peter zeigt auf Paulus und fragt: »Warum trägt er ein Schwert?« »Weil er enthauptet wurde« antwortete ich. Der Junge sieht mich zweifelnd an. »Woher weisst du das? Steht das in der Bibel?« - »Nein, in der Bibel lesen wir nichts. Aber Paulus war ein Römer, und Römer durften nur mit dem Schwert hingerichtet werden.« »Aber Jesus hat man gekreuzigt.« »Ja, Jesus war eben kein römischer Bürger« erkläre ich. Peter versteht das nicht ganz. So fange ich an darzulegen: »Im Römerreich gab es römische Bürger, die galten als richtige Menschen und standen unter dem Schutz des römischen Rechts. Die durfte man zum Beispiel nicht foltern. Daneben standen die Nichtrömer, wie eben Jesus. Die durfte man geisseln, kreuzigen oder sonstwie grausam töten. Für sie galt das Recht nicht wie für die andern. Sie waren nicht Menschen im Vollsinn des Wortes.«

»Also ähnlich wie bei Joe?« fragt Peter. Ich schlucke leer. Joe, der Angolaner, erhielt vorgestern einen Brief, er solle bei der Polizei vorbeikommen. Er ging. Im Büro wurde ihm ein Schreiben vorgelesen, das besagte, sein Asylgesuch sei abgelehnt. Dann nahm man ihn sofort in Ausschaffungshaft. Der Pfarrer, der ihn begleitete, durfte ihn nicht noch einmal sehen, um sich zu verabschieden.. Auch andern Bekannten wurde der Besuch verwehrt. Nur, dass er heute zurückfliege, war zu erfahren.

Peter sieht mich an. »Bei Joe gelten auch andere Regeln als bei uns,« stellt er fest. »Er ist ein 'cheibe Usländer'. Mit ihm darf man machen, was man mit uns nie machen dürfte.«

Mir wird das Herz schwer. »Verflucht ist, wer das Recht des Fremden beugt« heisst es im fünften Buch Mose. Und im dritten Buch Mose: »Wie ein Einheimischer aus eurer Mitte soll der Fremdling gelten, der bei euch wohnt.«

Wo ist Joseph jetzt? Wie geht es ihm, jetzt, wo niemand mehr bei ihm ist als jener 'cheibe Usländer', den man ans Kreuz hängte?

In den Bergen

Ich liege auf dem Bett. Das Bein tut mir weh. Ich muss mich stillhalten, und das freut mich nicht sonderlich. Ich kann keine Besuche machen und sollte doch. Ich kann auch nicht wandern, vielleicht nie mehr wie früher.

Ich strecke mich und schliesse die Augen. Die Erinnerungen an frühere Wanderungen sind wieder da. In Gedanken sehe ich die Dotterblumen an der Quelle, fühle den warmen Fels unter mir, schaue in die Runde: Die felsigen Spitzen und Grate zeichnen sich scharf vom blauen Himmel ab. Und dort, wo das Tal sich öffnet, verschwimmen die Berge in der Bläue.

Noch einmal folgt der Blick der Kette der Gipfel bis in die äusserste Ferne, wandert weiter ins Blau.

Diese Bläue umfasst alles: die zackigen Felsen, die weicheren Bergrücken, die Wälder, die fernen Hügel. Wohin der Blick auch schweift, welche Richtung er auch nimmt, zuletzt trifft er auf das Blau des Himmels, der alles umfängt.

Eigentlich ist das banal. Wir kennen es von Kindsbeinen auf. Es ist selbstverständlich. Doch jetzt wird es mir zum Bild für das Umfangensein allen Lebens vom Himmel, von Gott. Man will es heute oft nicht mehr wahrhaben. Man leugnet es, hat andere Theorien. Und doch -

Mein Tal ruht in diesem Umfangensein, die ganze Welt, soweit ich auch gehe, stellt es mir vor Augen, und auch ich hier auf meinem Bett bin hineingenommen in dieses Umfassende, das alles trägt, alles umgibt.

»Nähme ich Flügel der Morgenröte und bliebe am äussersten Meer, so würde auch dort deine Hand mich führen und deine Rechte mich halten«, sagt der Psalmsänger, wenn er versucht, der ständigen Gegenwart Gottes nachzudenken.

Ob auf dem Berg oder auf dem Bett, ich bin in Gottes Hand. Ich kann nicht entfliehen und kann nicht hinausfallen. Gott umgibt mich, wo immer ich bin.

Ich bette mein Bein etwas höher und schäme mich ein wenig. Was will ich eigentlich mehr als in Gott geborgen sein?

Schwalbe

In der Frühe eile ich zur Sitzung. Doch was sehe ich, als ich aus dem Haus trete? Auf dem Draht der elektrischen Leitung sammeln sich Schwalben. Eine ganze Reihe sitzt schon da, andere fliegen hin und her.

Sie wollen schon gehen? fährt mir durch den Sinn. Es ist doch erst Sommer geworden.

Aber der kleine Vogel, der vor mir die Strasse kreuzt, fragt nicht nach meiner Meinung. Er weiss von sich aus, wann es Zeit ist. Er kennt den Weg über die Alpen, über die Sahara. Er braucht keine Anweisung von mir. Tausende von Kilometern ist er unterwegs, unbeirrt fliegt und fliegt er in der Schar seiner Genossen, findet Rast, sucht sich sein Futter und zieht dann wieder weiter, Afrika zu. Ich sehe ihm nach, wie er durch die Luft jagt. Völlig schutzlos ist so ein kleiner Vogel, und doch lebt er, geborgen in der Hand des Allerhöchsten, der jeden Spatz zählt und kennt.

Wenn ich so leben könnte, so fraglos, so voller Vertrauen auf Gott! Aber ich habe Angst, ich quäle mich und mache mir Probleme: Was wird werden? Wie soll das herauskommen?

Joseph fällt mir ein, jener Joseph, den seine Brüder in die Sklaverei verkauften. Und als es ihm besser ging, warf man ihn ins

Gefängnis, weil er treu und redlich war. Am Ende seines Lebens, als er Minister von Ägypten und ein grosser Herr geworden war, sagte er zu seinen Brüdern: »Ihr gedachtet mir Böses zu tun; Gott aber hat es zum Guten gewendet.«

Er sprach dieses Wort im Rückblick aus, nachdem die bösen Zeiten überstanden waren. Ob er in den schlimmen Tagen nie Angst hatte? Doch sicher. Wir Menschen sind keine Schwalben. Unser Gottvertrauen schmilzt leicht dahin. Und doch: durfte nicht mancher erleben, dass Gott ihm durchhalf? Dass ihm die Schwierigkeiten zwar nicht erspart blieben, dass es aber einen Weg gab durch diese Schwierigkeiten hindurch?

Die Schwalbe sitzt längst auf dem Draht. Sie geht ihren Weg ohne zu fragen. Und ich will versuchen, meinen Weg zu gehen trotz vieler Fragen.

Die letzte Rose

Ich schaue zum Fenster hinaus in den Herbsttag. Die Sonne scheint. Der Tag wäre schön. Doch ich erblicke den Glatzkopf des Nachbarn und mag nicht mehr hinausschauen. Jetzt höre ich ihn mit dem Hausmeister sprechen. Laut räsonniert er über etwas, das ich nicht verstehe.

Ich starre an die Wand des Zimmers und ärgere mich. Warum grüsst mich dieser Nachbar nicht mehr? Wir hatten keinen Streit. Wir verkehrten wenig miteinander. Mehr als etwa »Guten Tag« sagten wir selten, und zuerst fiel es mir kaum auf, als dieses »Guten Tag« ausblieb. Doch mit der Zeit wurde mir klar, dass er bei meinem Gruss den Kopf nicht zufällig auf die andere Seite drehte. Und gestern antwortete er auf meinen Gruss: »Sie sollen mich nicht grüssen.« »Warum nicht? Sie sind doch mein Nachbar,« rutschte es mir heraus. Aber er sagte nichts mehr und wischte nur eifrig vor der Tür. Er murmelte nichts von »Asylant«; doch wenn ich nachdenke, dürfte das der Grund seines Verhaltens sein.

Was soll ich machen? Mit ihm reden und dann vielleicht echten Krach haben? Denn in Sachen Asylanten lässt sich oft schwer miteinander reden. Das weiss ich aus Erfahrung.

Ich blättere in der Bibel, die Sonntagspredigt wäre fällig. Da fällt mein Blick auf den Vers: »Bittet für die, die euch beleidigen und verfolgen.«

Am liebsten würde ich das Buch wegwerfen. Das Wort passt mir gar nicht. Doch hat es immerhin der gesagt, der mir im Leben viel geholfen hat. Soll ich es versuchen? Vielleicht - Als ich den Kopf hebe, ist es ganz hell im Zimmer. Die Herbstsonne scheint durchs Fenster. Ich schaue hinaus und erblicke eine Rose, die letzte. Halboffen schwebt sie über dem Grün der Blätter, eingetaucht in die Strahlen der schräg stehenden Sonne.

Komisch, vorhin habe ich sie gar nicht gesehen. Ich staune sie an. Der Nachbar geht unter ihr durch. Aber mir ist das nicht wichtig. Der Ärger ist fort. Warum eigentlich? Es hat sich ja überhaupt nichts geändert. Oder habe ich mich geändert?

Dämmerung

Es ist kalt im Zimmer. Seit Tagen wurde der Ofen nicht mehr geheizt; denn ich komme nur in den Ferien hierher. Nun mache ich Feuer. Ich hole Holz, suche dünne Äste, stopfe Papier darunter, öffne die Zugklappe. Von Kind an liebte ich das Anzünden, und auch jetzt freue ich mich an den Flammen, die zum Ofentürchen herauslodern. Es brennt. Man hört es knistern. Bald schon kann ich die Zugklappe etwas zuschieben, und nun fängt es an, warm zu werden. Ich setze mich auf den Stuhl zwischen Tisch und Ofen und wärme mich.

Durchs Fenster sehe ich den Garten. Die Beete sind abgeerntet, die Sträucher kahl. Heute morgen lag eine dünne Schicht Schnee, die jetzt verschwunden ist. Man sieht sofort: es ist Herbst, Spätherbst.

Der Ofen gibt nun schon recht warm. Ich sitze behaglich daneben und schaue in die beginnende Dämmerung. Ich höre das Feuer knistern. Sonst ist es ganz still. Es ist die Zeit, wo man nicht mehr gern nach draussen geht, die Zeit der Stille, des Ruhigwerdens. Vielleicht gibt es sie nicht nur äusserlich, sondern auch innerlich, wenn wir am Ende unserer Kraft sind, wenn wir nichts mehr vermögen, wenn uns nichts bleibt, als Dinge und Menschen gehen zu lassen, wohin sie wollen. Die Zeit der Machtlosigkeit, des Zurücktretens - - -

Immer noch höre ich nur das Feuer im Ofen, während die Dunkelheit die Stube füllt. Ein Wort des Propheten Jesaja steigt in mir auf: »Durch Stillesein und Hoffen werdet ihr stark.« Damals bedrohten mächtige Feinde Jerusalem, und der König sandte Boten nach Assyrien und bat um Hilfe. Doch Jesaja warnte ihn: »Nimm deine eigene Machtlosigkeit an. Hoffe auf Gott! Suche nicht krampfhaft Hilfe bei den Mächtigen, die nur den eigenen Vorteil im Sinn haben.«

Gott kann uns das Warten zumuten, das Stillesein, das Nichts-mehr-selber-Können.

Vielleicht erfahren wir dann mehr von ihm als in den sogenannt erfolgreichen Tagen.

Schnee

Als ich erwache ist das Licht im Zimmer eigentümlich grau. Ich schaue zum Fenster hinaus. Es hat geschneit. Der Wind bläst den trockenen Schnee vom Dach, wirbelt ihn über die Strasse zum gefrorenen Garten. Mich fröstelt. Ich stelle die Heizung höher. Schnee, denke ich und starre ins wirbelnde Weiss.

Da erinnere ich mich an ein Bild, das ich vor Jahren bei einer alten Frau gesehen habe. Es stellt eine Winterlandschaft dar. Ein Greis wandert, aus einem entlaubten Wald tretend, durchs offene, verschneite Feld. Hinter ihm steht gross ein Engel. Eine Hand hält er beschützend über die Schulter des alten Mannes, mit der andern weist er den Weg.

Ich weiss noch, ich stand betroffen vor dem Gemälde. Ich hatte vorher nie eine ähnliche Darstellung gesehen.

Jetzt steht dieses Bild mir wieder vor Augen, mit dem eindrücklichen Engel und dem Greis, der mühsam durch den Schnee stapft. Manchmal gibt es Zeiten in unserem Leben, in denen wir durch den Schnee gehen, und das nicht nur im Alter. Zeiten, in denen es kalt und starr ist um uns, in uns, in denen das Leben abgestorben scheint; und doch, auch dann ist der Engel da. Er beschützt und zeigt uns den Weg. Und gerade diese Wegweisung haben wir nötig. Denn Schnee bedeckt das Land, macht die Strasse unkenntlich, verwischt die Spuren. Wir möchten uns vielleicht niedersetzen, aufgeben, und würden dann erfrieren, statt den Weg zum Haus des Vaters zu finden.

Und gerade das wäre doch der Sinn der Wanderung: durchs Weglose, durch den Schnee, durchs Erstarrte und Gefrorene den Weg zum Haus des Vaters zu gehen, dorthin, wo Licht und Wärme auf uns wartet und wir für immer bleiben dürfen.

Wie sollten wir aber den Weg dorthin finden ohne die Weisung Gottes? Ohne die Hand, die uns den Weg zeigt? Wir sind angewiesen auf seine Leitung und Führung, je eisiger der Wind bläst, desto mehr. »Wäre dein Gesetz nicht meine Lust, so wäre ich vergangen in meinem Elend«, sagt der Psalmist.

Starre

Ich gehe zu meinem Pflanzplätz, nicht, weil ich um diese Zeit dort etwas zu suchen hätte, sondern nur so, um ihn wieder einmal zu sehen. Ich wandere über das verlassene Feld und freue mich an der Sonne, die nun doch über die Nebel gesiegt hat. Mein Stücklein Acker liegt einsam mitten in den abgeräumten Beeten. Die Erde ist hartgefroren, der Nüssler duckt sich dunkel unter dem Rauhreif. Die Beeren strecken ihre leeren Ruten zum Himmel. Dort glänzt etwas: die krausen Blätter des Federkohls ziert ein silbernes Band aus Eiskristallen, die im Licht der schrägstehenden Sonne funkeln.

Still liegt er da, mein Pflanzplätz. Keine Pflanze blüht, kein Strauch trägt Frucht, nichts entfaltet sich, alles ist gehemmt, gefangen in der winterlichen Starre.

Und doch, der Reif glitzert, die kahlen Zweige verweben sich zum zierlichen Geflecht. Eine eigenartige Schönheit liegt über diesem hartgefrorenen Stück Erde, etwas Helles, fast Verklärtes, das man im Sommer nicht beobachten kann.

Wir meinen zwar immer, aufs Entfalten komme es an. Wir schätzen die Zeiten, in denen wir wachsen und blühen, uns selbst verwirklichen. Die Zeiten des Gehemmtwerdens, des Zwangs, des Sich-nicht-entfalten-Könnens sehen wir rein negativ. Stimmt das wirklich?

Mein Garten braucht beides, das üppige Wachstum im Sommer und die Winterruhe, das beinahe atemlose sich Entfalten aller Möglichkeiten und die Starre.

Vieles geschieht in der Zeit des Stilleseins, des scheinbaren Erstarrens. Mancher Same wird aufgeschlossen, damit er im Frühling aufgehen kann, manches Ungeziefer abgetötet im Frost. Nein, es ist keine unnütze Zeit, diese Zeit der Starre, für meinen Pflanzgarten nicht und nicht für mich selbst. Und für Dich, liebe Leserin, lieber Leser?

Nüssler

Seit einigen Tagen ist es warm. »Föhn« sagt mein schwerer Kopf. Der Schnee schmilzt. Die Äcker werden aper. Mich gelüstet nach etwas Grünem. Ich gehe zum Pflanzplätz, wo letzten Herbst der Nüssler grünte. Vielleicht kann ich jetzt ernten.

Vor ein paar Wochen versuchte ich's schon. Aber damals war es nicht warm genug gewesen, um den Schnee auf dem Feld richtig zu schmelzen. Ich fand den Nüssler unter einer Schicht Eis zwischen hartgefrorenen Ackerschollen.

Doch diesmal habe ich mehr Glück. Das Eis ist fort und der Boden weich. Ich pflücke eine handvoll Blätter und freue mich auf den Salat. Doch auf dem Heimweg werde ich nachdenklich. Ich erinnere mich an das Bild der gefrorenen Pflanzen unter dem Eis. Was so ein bescheidenes Kraut nicht alles auszuhalten vermag! Der Boden war damals bis in eine Tiefe von fünfzig Zentimeter gefroren, wie mir der Totengräber berichtete. Schnee und bittere Kälte - auf dem Feld fast zwanzig Grad minus - hielten alles Leben gefangen. Aber mein Nüssler nahm das einfach hin, gehorchte dem Gebot, das ihm Gott gegeben, liess sich einfrieren und auftauen und nochmals einfrieren und auftauen, um im Frühjahr unbeschadet weiter zu grünen.

Plötzlich fällt mir meine Mutter ein, wie sie kummervoll auf dem Bett sass und sich immer wieder einprägte: »Denen, die Gott lieben, müssen alle Dinge zum besten dienen.« (Römer 8, 28) »Alle Dinge« wiederholte sie, »alle Dinge«.

Sie war kein »Nüssler«. Ihr fiel das Sichdrein-Schicken nicht so leicht wie einer Pflanze. Das Elend drohte manchmal über ihr zusammenzuschlagen. Aber sie hielt sich daran, dass denen, die Gott lieben, alle, wirklich alle Dinge zum besten dienen müssen. Und ich weiss, sie durfte auf ihre Weise erleben, dass der, der den Nüssler behütet, auch sie nicht im Stich liess.

Nachwort

Vor einigen Jahren rief mich ein Redaktor an: »Im Bund erscheint jeden Samstag ein 'Wort zum Sonntag'. Wir wollten die Rubrik absetzen; aber das löste erhebliche Proteste bei der Leserschaft aus. Wir führen sie also weiter, doch es fehlt uns im Autorenteam eine Frau. Würden Sie mitmachen?«

Ich machte mit. Am Anfang bereitete mir die äussere Form grosse Mühe; sechzig Zeilen zu fünfunddreissig Zeichen (Buchstaben und Zwischenräume) waren gestattet. Ich zählte Buchstaben, strich durch und zählte seufzend aufs neue. Mit der Zeit aber bekam ich Übung. Die Kürze zwang zur Konzentration. Ich lernte, mich klar auszudrücken. Schliesslich wollte ich verstanden werden und zwar nicht nur von einer Elite, sondern von jedermann.

Aus dem Leserkreis kamen Echos. Sie brachten Anregungen und mahnten zum Überdenken des Geschriebenen. Als unser Sigrist mir nach der Lektüre meiner Artikel die Miete für den Pflanzplätz erliess, erfüllte mich das mit Stolz. Bis heute betrachte ich das als meinen grössten Erfolg. Im übrigen konnte und wollte ich nie mehr als das weitergeben, was ich von Gott empfangen hatte. Mehr ist ja im Grund niemandem möglich.

Der Kommission des Berchtold Haller Verlags danke ich für die Auswahl und die Durchsicht der Texte und für alle sonstige Mühe, die eine Herausgabe wohl oder übel verursacht.

Und Dir, liebe Leserin, lieber Leser, wünsche ich eine besinnliche Lektüre.